Wenn

WIR

nicht

träumen

. . .

Zum Titel des Buches:

Mehrere Jahre hintereinander wurde mir das besondere Erlebnis zuteil, zum Weihnachtsfest am Heiligabend den Gottesdienst in der St. Lamberti-Kirche zu Oldenburg besuchen zu dürfen.

Aus einem dieser Gottesdienste, den immer Pastor Dr. Ralph Hennings abhielt, ist mir aus der Predigt in Erinnerung geblieben:

'Wenn wir nicht träumen . . .'

Ich denke, es war der Gottesdienst im Jahr 2018, seit dem diese Worte in meinen Gedanken präsent sind und mich begleiten.

Diese Einsicht, die gleichzeitig auch Aufforderung ist, hat mich damals auf eine besondere Weise berührt und angesprochen. Und so entwickelte sich sehr schnell die Idee, einem neuen Buchprojekt eben-diese Worte als Titel zu geben.

Im Jahr 1986 hat mir meine inzwischen leider schon verstorbene Schwester Lisl-Kathrein ein Bild gemalt und geschenkt, das mich mit seiner besonderen Aussage und seiner positiven Perspektive nun schon so viele Jahre berührt hat.

So wunderbar passen das Bild meiner Schwester und die Worte von Herrn Dr. Hennings zusammen, dass ich sie gemeinsam auf der Titelsei-te dieses Buches wirken und als Motto und 'roten Faden' für meine Texte dienen lassen möchte!

Impressum

Bibliografische Information der Deutschen Nationalbibliothek:
Die Deutsche Nationalbibliothek verzeichnet diese Publikation in der Deutschen Nationalbibliografie; detaillierte bibliografische Daten sind im Internet über http://dnb.dnb.de abrufbar.

Titelseitenbild: Lisl-Kathrein Lüddecke, geb. Wolff (1949-2015)
Realisation Umschlag-Layout:
durch eine sehr nette junge kompetente Frau und Hans-Jürgen Nolte

Kontakt:
autorin.kerstin.f.wolff@t-online.de
Die Autorin im Internet:
https://www.kerstin-f-wolff.de

Von der Autorin auch erhältlich:
=> **Mein Kartenhaus**, BoD 2016, ISBN 9 783741 275104
=> **Mein Weg zum wirklichen Ich**, BoD 2016, ISBN 9 783741 279997
=> **Fenster & Stolpersteine**, BoD 2018, ISBN 9 783744 854382
=> **Atlas - & so viele andere**, BoD 2018, ISBN 9 783752 868593
=> **Liebe ICH,** BoD 2019, ISBN 9783748188612
=> **Frau*jott und Herr*jott im Dialog ... miteinander und
　　　mit der Welt ... ,** BoD 2019, ISBN 9 783735 756381
=> **Wenn WIR nicht träumen . . .,** BoD 2020, ISBN 9 783752 625387
=> **Mein Leben im wirklichen Ich**, BoD 2020, ISBN 9 783752 625417

© 2020 Wolff, Kerstin F.
Herstellung und Verlag: BoD – Books on Demand, Norderstedt
ISBN: 9783752625387

Gewidmet ist dieses Buch

. . . Gabi

. . . Kathrein

. . . meiner Familie

. . . Frauke & Jens

Wenn
WIR
nicht
träumen

. . .

die vase

so schön die vase

& sie fällt
& du kannst nichts tun
& du weißt, was kommen wird

einzig kannst du warten
bis sie auf dem boden zerschellt
um dann die scherben zusammen zu kehren
& zu schauen
. . .
was von der schönheit
was von ihrem wert
noch übrig geblieben sein mag

<u>sie & du</u>

ich wollte etwas
. . .
großes
wichtiges
schönes
neues
erschaffen

doch sie . . .
. . . glaubten es mir nicht
& sie . . .
. . . gönnten es mir nicht

doch du
einzig du
. . .
glaubtest & vertrautest mir

<u>bestandsaufnahme / rückschau</u>

vieles sollte . . .
. . . nicht alles ging

vieles musste . . .
. . . nicht alles ging

vieles durfte . . .
. . . nicht alles ging

vieles konnte . . .
. . . nicht alles ging

vieles wollte . . .
. . . nicht alles ging

ach ja -
doch . . .
SO MANCHES GELANG DANN DOCH !

was für eine frage . . .

würde ich . . .
meine meinung schreiben wollen
würde ich . . .
die wahrheit sagen wollen
würde ich . . .
anständig bleiben wollen

. . .

würde ich für all das
auch sterben wollen

?

vieles
habe ich gelernt

mehr noch
wird mir für immer verborgen bleiben

& ja,
ich weiß inzwischen genau
:

ich kann die welt nicht im entferntesten
erklären

nein,
höchstes kann ich sie aber doch
hinterfragen

laut
groß
maßlos
sichtbar

das will ich sein, denn schon lange genug war ich

leise
klein
anspruchslos
unsichtbar

ob ich dieses oder jenes tue . . .
welchen unterschied macht es . . .

ob ich dieses oder jenes tue . . .
welcher unterschied bleibt . . .

. . . morgen ? ? ?

. . . übermorgen ? ? ?

. . . in einer woche ? ? ?

. . . in hundert jahren ? ? ?

? ? ?

. . . in der singularität ? ? ?

<u>perspektive</u>
<u>&</u>
<u>möglichkeit / option</u>

<u>perspektive</u>
wir hören nicht mehr so gut
wir sehen nicht mehr so gut
wir können nicht mehr so gut laufen
&
wir vergessen auch so manches

<u>möglichkeit</u>
ach -
dann halten wir uns einfach an der hand
&
dann halten wir einfach ganz fest zusammen

so viele jahre
ließ ich verstreichen

in der annahme
mein leben sei unendlich

. . .

zu viele jahre
ließ ich verstreichen

in dem glauben
mein leben sei unendlich

<u>aber einen versuch war es immerhin wert . . .</u>

ach,
nicht alle Menschen kann ich lieben

ach,
nicht alle Menschen will ich lieben

HÖR AUF DEIN HERZ

du hast
gesagt
geschrieben
ja,
du hast geweint
:
HÖR AUF DEIN HERZ

doch
kein herz hat dir geantwortet

die verletzung ist

.

.

.

GROSS

<u>von schmerzen und verletzungen - 002</u>

der schmerz sitzt
.
.
.
.
.
.
.
.
.
.
.
.
.
.
.
.
.
.
.
.
.
.
.
tief

du hast ihnen vertraut

. . .

du hast ihnen vertraut

. . .

du hast ihnen vertraut

. . .

du hast ihnen vertraut

. . .

du hast ihnen vertraut

. . .

du hast ihnen vertraut

. . .

du hast ihnen vertraut

. . .

du hast ihnen vertraut

. . .

du hast ihnen vertraut

. . .

du hast ihnen vertraut

. . .

du hast ihnen vertraut

. . .

es gibt momente und auch tage . . .

da denke ich:
ach -
ich habe es doch schon so oft
gedacht
gesagt
geschrieben
das will doch gar niemand mehr hören

. . . ich & meine sorgen . . . um die menschen . . .
. . . ich & meine bedenken . . . um die menschen . . .

doch dann schaue ich mich um in der welt
& ich erschaudere
erkenne & weiß

ich werde es immer wieder denken & sagen & schreiben
müssen
wollen

denn sonst
hätten 'sie' doch schon jetzt gewonnen

<u>versprechen ?</u>
<u>drohung ?</u>

ich habe angst
& will doch leben
ich schäme mich
& will doch leben
ich bin so müde
& will doch leben
ich möchte weinen
& will doch leben

. . .

doch ab jetzt lasse ich
keine angst
keine scham
keine müdigkeit
kein weinen
mehr gelten

denn ab jetzt
werde ich leben

<u>liebeserklärung !</u>

<u>da sind . . .</u>

wünsche - - - gedanken - - - erwartungen
hoffnungen - - - sehnsüchte

. . . in deinem kopf

doch es sind nicht deine,
es sind ihre

wünsche - - - gedanken - - - erwartungen
hoffnungen - - - sehnsüchte

. . . in deinem kopf

. . .

IHRE
& nicht
DEINE

es mag
irgendwo geschrieben stehen
von irgendwem erzählt werden
vielleicht sogar als wahrheit erscheinen

ja, ja, . . .
. . . ihr könnt es auch gerne glauben . . .

doch . . .

ICH
tue es nicht
! ! !

ich müsste eigentlich . . .

. . . hier & dort
. . . gleich & jetzt
. . . dies & das

ach ja,

. . . ich müsste . . .
. . . eigentlich . . .
. . . auch endlich einmal . . .

. . .

LEBEN

blick zurück im zorn

dein blick zurück im zorn
& er tut noch immer so weh

dein blick zurück im zorn
& du spürst noch immer die ohnmacht

dein blick zurück im zorn
& du spürst noch immer die wut

. . .

dein blick zurück im zorn
& du spürst immer wieder die liebe
die doch niemals
zorn werden sollte

deine wut
malt bilder in deinen farben

deine hilflosigkeit
erschafft gedichte mit deinen reimen

deine angst
formt skulpturen in deinen formen

deine not
komponiert lieder aus deinen tönen

ja -
deine
bilder – gedichte – skulpturen - lieder
heilen deine wunden
heilen DICH

<u>einsicht – so gerade eben noch</u>

es war ein
freundliches
offenes
. . .
doch halt, nein … !

denn wenn ich es recht überlege
war es ein
. . .
feistes
hinterhältiges
verlogenes
. . .   .
GRINSEN

<u>du sagst . . .</u>

hochachtung hast du . . .
. . . vor MIR ???

bewundern willst du . . .
. . . MICH ???

<u>ich sage . . .</u>

. . . ach was !!!
. . . das ist doch dummes zeug !!!

<u>denn ich weiß . . .</u>

einzig nur
versuche ich doch
aufrecht & mit anstand
durch dieses leben zu gehen

<u>zeilen an eine freundin</u>

DU
darfst
MICH
kritisieren
MICH
ausschimpfen

ja,
DU
darfst es
denn ich weiß
DU
meinst es gut
mit
MIR

der arm schmerzt
dort, wo die narben sind

das bein schmerzt
dort, wo die narben sind

der körper schmerzt
dort, wo die narben sind

die seele schmerzt
. . .

<u>augen - blick</u>

du schaust in die augen deines gegenübers

& dort entdeckst du
. . .
keinen punkt
kein komma
keinen gedankenstrich
kein ausrufezeichen

& du entdeckst nicht einmal
. . .
ein
?

leichtfertig
so oft & einfach so
sagst du

. . .

ALLES IST GUT

doch
es gibt auch so viele momente

. . .

DA IST GAR NICHTS MEHR GUT

<u>wenn die luft schwindet . . .</u>

aus so manchen
popanzen
&
über-ichs

. . .

dann
werden sie ganz schlaff & schlapp
& sie werden ganz klein

ja, dann werden sie einfach nur
klein und hässlich

teil ein, teil ein,
es will immer was sein

ja, denkt daran:
jedes reservoir
jedes lager
jeder vorrat

& bedenkt besonders:
auch
jede kraft
jede hoffnung
jede geduld

ist irgendwann einmal
- erschöpft

erinnerung

früher, zum geburtstag
gab es ein flasche sekt oder eine flasche schnaps

& ich frage mich heute
was war die botschaft ?

. . .

lass uns gemeinsam trinken !!!
oder etwa
anders bist du nicht zu ertragen !!!

<u>ich bin dann mal weg . . .</u>

ich
bin
dann
mal
weg
. . . . . .

ich bin dann mal weg
. . . . . .

gesperrt

sie bedanken sich bei dir

aus tiefstem herzen
aus unendlicher dankbarkeit

. . .

mit einer ohrfeige
mit einem schlag ins gesicht
&
mit einem tritt in den arsch

ICH ICH ICH ICH ICH ICH ICH ICH
ICH ICH ICH ICH ICH ICH ICH ICH
ICH ICH ICH ICH ICH ICH ICH ICH
ICH ICH ICH ICH ICH ICH ICH ICH
ICH ICH ICH ICH ICH ICH ICH ICH
ICH ICH ICH ICH ICH ICH ICH ICH
ICH ICH ICH ICH ICH ICH ICH ICH
ICH ICH ICH ICH ICH ICH ICH ICH
ICH ICH ICH ICH ICH ICH ICH ICH
ICH ICH ICH ICH ICH ICH ICH ICH
ICH ICH ICH ICH ICH ICH ICH ICH
ICH ICH ICH ICH ICH ICH ICH ICH
ICH ICH ICH ICH ICH ICH ICH ICH
ICH ICH ICH ICH ICH ICH ICH ICH
ICH ICH ICH ICH ICH ICH ICH ICH
ICH ICH ICH ICH ICH ICH ICH ICH

und wo bleibt dabei ein

WIR
? ? ?

keine gute zeit ? ? ?

es ist keine gute zeit
- denken wir - sagen wir -

doch

gibt oder gab
es denn überhaupt jemals
eine wirklich gute zeit

für
jeden & alle
eine wirklich gute zeit

? ? ?

männlein & männchen

da gibt es
männlein & männchen
. . .
die dürfen
in uniformen
kriechen & krabbeln
. . .
& dann
ja, dann
werden sie mächtig
& mächtiger
& mächtiger
& mächtiger
& mächtiger
& mächtiger
& mächtiger

& dann . . .

. . . ja, dann . . .
wehe uns !!!

welten für sich

ANPFIFF

pass
fallrückzieher
foul
tooooor !!!
abseits
abschlag
kopfball

ABPFIFF

- - - halbzeit - - -

ANPFIFF

strafstoß
konter
hackentrick
tooooor !!!
abseitsfalle
einwurf

ABPFIFF

ach,
eigentlich gehe ich mit dir
viel lieber spazieren durch den
Göttinger Wald

<u>oh weh !</u>

wenn
wir
wirklich
wüssten
was
wir
wahrhaftig
wollen

. . .

würden
wir
wahrscheinlich
wehmütig
weinen

das maß aller dinge
das maß vieler dinge

dieses
maß
ist
jetzt
voll

dieses
maß
ist
eigentlich doch schon so unendlich lange
voll
. . .
einfach übervoll

viele sagen:

es müsste ! ! !
aber -
es darf nicht . . .

nur wenige sagen:

es muss ! ! !
&
es darf auch ! ! !

sie erklären dir . . .
fordern von dir . . .
raten dir . . .

was
GUT & RICHTIG
ist

doch immer
ist es ihr
GUT & RICHTIG

& nur sehr selten
ist es dein
GUT & RICHTIG

<u>manchmal muss man sie nicht lange suchen ...</u>

manchmal sind da einfach . . .

liebenswerte
hilfsbereite
nette
zuvorkommende
. . .
MENSCHEN

ja, manchmal sind sie einfach da ! ! !

WIR . . . ALLE . . . NICHT

ich bin sprachlos

. . .

so oft
&
immer wieder

doch -

verstummen

. . .

das darf, das will
ich nicht

nein, verstummen

. . .

das dürfen

WIR ALLE NICHT

<u>diejenigen, die denken,</u>

sie seien
ein toller hecht
eine weise eule
ein schlauer fuchs
ein gerissener wolf

ja,
all diejenigen haben
Darwin
wohl nicht verstanden

außer
sie sind selber
der große
MANITU

es gab einen moment
einen kleinen moment gab es

da konnte ich in deine seele blicken

ganz tief hinein
in deine seele
in die abgründe
deiner seele

es gab einen winzigen moment
da konnte ich in deine
arme seele
blicken

manche bilder

. . .

so schwer zu ertragen

manche gedanken

. . .

so schwer zu ertragen

doch
was wird aus den bildern,
wenn du einfach wegschaust ?
was wird aus den gedanken,
wenn du sie nicht zulässt ?

ja,
was wird denn aus diesen
bilden und gedanken

. . .

wenn du einfach
deine augen und dein herz
verschließt
?

können & wollen

man muss lesen können
& man muss lesen wollen

man muss denken können
& man muss denken wollen

man muss verstehen können
& man muss verstehen wollen

karriereleiter

der

. . .

freundliche
helfer

. . .

wurde zum

. . .

ahnungslosen
helfershelfer

. . .

wurde zum

. . .

unbedachten
handlanger

. . .

wurde zum

. . .

schuldigen
mittäter

. . .

<u>vielleicht, weil sie sie nicht haben ?</u>

du hast es ihnen gesagt
aber sie hörten es nicht
& wenn sie es hörten
glaubten sie es dir nicht

du hast es ihnen geschrieben
aber sie lasen es nicht
& wenn sie es lasen
glaubten sie es dir nicht

du hast es ihnen erklärt
aber sie verstanden es nicht
& wenn sie es verstanden
glaubten sie es dir nicht

nein, sie können einfach nicht
hören --- lesen --- verstehen
was du
sagst --- schreibst ---denkst
& am ende auch
tust

nein, sie können einfach nicht
hören --- lesen --- verstehen
dass auch du
selbstachtung
besitzt

die karawane

& die karawane zieht ihren endlosen weg
von ost nach west - von nord nach süd - von west nach ost
von nord nach süd - von ost nach west - von süd nach nord
endlos – rastlos - endlos – rastlos - endlos - rastlos - endlos – rastlos

& die karawane zieht ihren endlosen weg
weiss nicht wohin – weiss nicht woher

& die karawane zieht ihren endlosen weg
weiss nicht warum – weiss nicht wieso

& die karawane zieht ihren endlosen weg
von ost nach west - von nord nach süd - von west nach ost
von nord nach süd - von ost nach west - von süd nach nord
endlos – rastlos - endlos – rastlos - endlos - rastlos - endlos – rastlos

. . .
die karawane der nützlichen idioten

DU-DENKST-ZU-VIEL
DU-DENKST-ZU-VIE
DU-DENKST-ZU-VI
DU-DENKST-ZU-V
DU-DENKST-ZU-
DU-DENKST-ZU
DU-DENKST-Z
DU-DENKST-
DU-DENKST
DU-DENKS
DU-DENK
DU-DEN
DU-DE
DU-D
DU-
DU

. . .

ja,
DU DENKST ZU VIEL
einfach
ZU VIEL

. . .

DU

. . .

an andere

nächstes jahr . . .

      . . . das ist in zwölf monaten !

nächstes jahr . . .

       . . . das ist in elf monaten !

nächstes jahr . . .

          . . . das ist in zehn

          . . . das ist in acht

        . . . das ist in sieben

        . . . das ist in sechs

         . . . das ist in fünf

        . . . das ist in vier

        . . . das ist in drei

     . . . das ist in zwei monaten !

nächstes jahr . . .

      . . . das ist in einem monat !

nächstes jahr . . .

      . . . das ist in einer woche !

nächstes jahr . . .

       . . . das ist in einem tag !

nächstes jahr . . .

      . . . das ist in einer stunde !

nächstes jahr . . .

     . . . das ist in einer sekunde !

& ja -

dann ist nächstes jahr . . .

        . . . gewesen ! ! !

so einfach ! ! !

die welt kann so einfach sein

wenn man die augen verschließt

wenn man nicht denkt

wenn man die wahrheit negiert

. . .

die welt kann so einfach sein

. . .

könnte man meinen

& was ist . . . ?

es gehören immer zwei

zum
reden
lieben
verstehen
austauschen

.

.

.

es gehören immer zwei
zum
frieden

& was ist . . .
. . . wenn eine oder einer . . .
. . . einfach nicht will . . .
? ? ?

manche leute

reden so & denken so

andere menschen

denken so & reden so

. . .

& wir denken uns
. . .
soso ...

DU

tust

NICHTS
? ? ?
NICHTS
! ! !
NICHTS
. . .

und am ende dann musst du dich fragen lassen

. . .

WAS HAST DU GETAN
?

<u>ich würde dich . . .</u>

und wenn ich dem wurm
nicht unrecht tun würde
ich würde dich
einen wurm schimpfen

und wenn ich dem schwein
nicht unrecht tun würde
ich würde dich
ein schwein schimpfen

und wenn ich dem affen
nicht unrecht tun würde
ich würde dich
einen affen schimpfen

und wenn ich der ratte
nicht unrecht tun würde
ich würde dich
eine ratte schimpfen

und wenn ich dem arschloch
nicht unrecht tun würde
ich würde dich
ein arschloch schimpfen

tja,
und was mache ich jetzt
? ? ?

es erklärt

. . .

aber

. . .

es rechtfertigt

. . .

N I C H T

die mitochondrien-DNA
verrät es

es gibt für die gesamte menschheit
nur wenige urmütter

. . .

& du denkst

. . .

WOW ! ! !

doch vielleicht denkst du am ende auch

. . .

ACH DU SCHEISSE

gutes wie schlechtes

alles
alles
alles
alles
alles
alles
alles
alles
alles
alles
alles
alles
alles
alles
. . .
machen
die menschen
. . .
machen
W I R

denken
muss man dürfen

denken
muss man können

&
ganz besonders wichtig
:

denken
muss man wollen

hättest du den
MUT
hättest du die
GRÖSSE
. . .
zu deinen taten zu stehen

so verwerflich sie denn auch
gewesen sein mögen
. . .

dann könnte ich dich wenigstens
ACHTEN

doch du bist einfach armselig
& deshalb bleibt mir nur dich zu
VERACHTEN

DU   nicht   ICH
DU   nicht   ICH
DU   nicht   ICH
DU   nicht   ICH
DU   nicht   ICH
DU   nicht   ICH

ja,

DU

hast es getan

! ! !

& sie reiten . . .

sie
reiten in den sonnenuntergang
reiten in den sonnenuntergang
reiten in den sonnenuntergang
reiten in den sonnenuntergang
reiten in den sonnenuntergang
reiten in den sonnenuntergang
reiten in den sonnenuntergang
reiten in den sonnenuntergang
reiten in den sonnenuntergang

so einfach ist das

wenn . . . SIE ihre tat
nicht mehr verstecken können

wenn . . . IHRE argumente
niemanden mehr überzeugen können

wenn . . . IHRE wahrheit
einfach nur noch lüge ist

ja,
dann . . .
bist DU halt einfach verrückt
musst DU halt weggesperrt werden

ach, schade

du
feiges
skrupelloses
arschloch
du
hinterhältiger
mickriger
erbärmlicher
verbrecher

ach,

mehr komplimente für dich
fallen mir jetzt leider nicht ein

du möchtest sie am liebsten . . .

. . . anbrüllen . . . abstrafen . . .
. . . anschreien . . . ignorieren . . .
. . . zusammenkoffern . . .
. . . vermöbeln . . . durchschütteln . . .
. . . anscheißen . . .

doch eigentlich möchtest du sie aber einfach nur fragen
:
WIE KONNTET IHR NUR
? ? ?

hier – dort
dieses – jenes
jetzt – gleich

doch . . .
du kannst deine zeit
nur einmal
verplanen & verwenden

deine stunden – deine tage – deine woche

& vergiss bitte nicht
auch dein leben kannst du
nur einmal leben

du musst hören
solange du noch hören kannst
du musst sehen
solange du noch sehen kannst
du musst fühlen
solange du noch fühlen kannst
du musst reden
solange du noch reden kannst

du musst denken
solange du noch denken kannst

ja,
hören, sehen, fühlen, reden, denken . . . kannst
und . . .
hören, sehen, fühlen, reden, denken . . . darfst

immer-wieder-einsicht

in ihrer

begrenztheit
schlichtheit
einfachheit

werden sie sich wohlfühlen

aber niemals

werden sie verstehen

manche menschen sterben
schon lange
bevor sie sterben
. . .
ganz tief innen drinnen
und
für und an sich selber

Der Mann mit den Bällen

Er meinte, er könne jonglieren ...
erst mit drei Bällen ...
dann mit vier Bällen ...
dann mit fünf Bällen ...
dann mit sechs Bällen ...
und immer wurden es mehr Bälle ...
und immer wurden es immer mehr ...

Und am Ende dann waren es wohl doch zu viele Bälle,
mit denen er gleichzeitig jonglieren wollte,
die er gleichzeitig in der Luft halten wollte ...
denn am Ende wurde er unter den vielen Bällen begraben ...

. . . dieser kleine Großkotz !!!

einfach viel zu . . .

manche menschen denken
kurz nach

manche menschen denken
lange nach

doch wie sie auch denken
mögen & sich bemühen oder möchten

sie denken einfach immer
. . .
viel zu kurz ! ! !

du wirst geboren

. . .

in eine familie
in ein land
in eine zeit
in einen körper

& immer geht es danach doch im grunde genommen nur darum

irgendetwas
halbwegs
vernünftiges
daraus
zu
machen

STOPP

ihr bösen gedanken, die ihr
mir mein herz zerreißen wollt
ihr untoten, die ihr
nach meiner seele greift

STOPP

ihr
schwindler scharlatane bösewichter

STOPP

denn
dieses ist mein leben
und nicht
eures

das zündholz

mit einem zufriedenen lächeln
strich sie-er das zündholz
über die reibefläche

& ließ es
nachdem die flamme ruhig flackerte
fallen

& es fiel auf fruchtbaren boden
. . .
& dann brannte die erde
. . .

<u>man wird das doch wohl noch sagen dürfen</u>

& ja,
wenn es erst gesagt wird

dann ist es ja schon gedacht

& was
gedacht & gesagt ist

das wird ganz sicher auch getan

. . .
gnade uns gott

logische konsequenz ?

rot lodernd die flammen
heiß die glut

die haut schmerzt
das atmen fällt schwer

rot lodernd die flammen
heiß die glut

dankbar nehmen sie an
was ihnen dargeboten wird

. . .

und es werden den flammen übergeben
die bücher der verschmähten

und dann werden den flammen übergeben
wohl auch die,
die diese bücher schrieben

viele menschen sind auf dem rechten weg . . .

– stimmt !

. . . denke ich ! ! !

ansichtssache

ist es wirklich die frage,
ob
die totale überwachung & kontrolle
kommen wird ???

oder ist die wirkliche frage,
wann
die totale überwachung & kontrolle
kommen wird ???

blicke . . .
. . . in unsere vergangenheit !
&
. . . in unsere zukunft ?

. . . holz . . . brennt . . . gut . . .

. . . papier . . . brennt . . . gut . . .
. . . bücher . . . brennen . . . gut . . .
. . . bilder . . . brennen . . . gut . . .

& menschen ? ? ?

<u>noch immer & immer wieder</u>

siehst du es denn nicht ?
hörst du es denn nicht ?
spürst & fühlst du es denn nicht ?

immer wieder
& zu jeder zeit
& überall & an jedem ort

nutzen sie ihre macht
für ihre eigenen ziele
mal laut & offensichtlich
mal heimlich, still & leise

doch immer
auf kosten anderer
doch immer
auf unsere kosten

hier in Deutschland – hier bist du sicher !

stell dir vor: du bist schwul . . .
ja, und . . . hier bist du sicher !
stell dir vor: du bist lesbisch . . .
ja, und . . . hier bist du sicher !
stell dir vor: du bist trans* . . .
ja, und . . . hier bist du sicher !
stell dir vor: du bist divers . . .
ja, und . . . hier bist du sicher !
stell dir vor: du magst gartenzwerge . . .
ja, und . . . hier bist du sicher !

ja , hier in Deutschland,
hier bist du sicher,
hier hast du ein recht,
so zu sein, wie du bist
. . .
bis irgendjemand kommt und dir dieses recht
einfach so & ohne wirkliche begründung
nehmen will
. . .
also

.   .   .

SEI WACHSAM

leider ! ! !

immer ist es

die kleine münze
der kleine vorteil

die & der

das abgrundtiefe große
schlechte und böse

erst ermöglicht

WENN . . .

wenn weiße männer
weise männer wären

wenn, ja, wenn
. . .

bange frage beim blick in die welt um mich herum

wie stark ist denn wohl
die christliche erziehung in mir verwurzelt
die humanistische saat in mir aufgegangen
und . . .
wird sie denn am ende standhalten
oder . . .
wird eines tages dieses wütende ich
zu wütend oder hilflos . . .

und wehrt sich
wehrt sich zum ersten mal
wehrt sich endlich einmal
und vergisst sich und will nicht mehr wissen
und vergisst sich und will nicht mehr achten

<u>so einfach . . .</u>

wer den falschen worten
wer nicht den richtigen menschen

wer den lügen
wer nicht der wahrheit

glaubt & vertraut

tja,
dem ist eben nicht zu helfen
tja,
der wird schon sehen

<u>. . . ist das</u>

rückschau und perspektive

die erde war kein guter ort
um auf ihr zu leben
für so viele menschen

die erde ist kein guter ort
um auf ihr zu leben
für so viele menschen

die erde wird kein guter ort sein
um auf ihr zu leben
für so viele menschen

einige demokratisch-gewählte-staatenlenker-mutanten

sie achten
&
sie leben
&
sie nehmen
demokratie
nur solange bis
sie ihnen nichts mehr nützt
sie ihnen nur noch
hinderlich ist

was wäre

denn die welt
wenn wir alle einfach nicht mehr

hören . . . was wäre
sehen . . . was wäre
sagen . . . was wäre

sondern
. . .
hören was ist
sehen was ist
sagen was ist

HELDEN TOD
HELDEN TOD
HELDEN TOD
HELDEN TOD
HELDEN TOD
HELDEN TOD
HELDEN TOD
HELDEN TOD
HELDEN TOD
HELDEN TOD
HELDEN TOD
HELDEN TOD
HELDEN TOD
HELDEN TOD

TOD . . .

TOT ! ! !

August 1944

er wollte für das deutsche volk siegen
er wollte für den führer siegen

doch ganz bestimmt wollte er keine

not
angst
verzweiflung
spüren

. . . nein . . .

und er wollte wohl ganz bestimmt auch nicht
im luftkampf

. . .

den 'heldentod'
finden

Wir erhielten die unfaß-
bare Nachricht, daß unser
einziger, über alles gelieb-
ter Sohn, mein unvergeßlicher
Bruder
Jagdflieger Oberfeldwebel
Helmut M̶̶̶̶̶
im Alter von 19 Jahren im Luft-
kampf den Heldentod fand.
In tiefer Trauer: L. M̶̶̶̶̶ und
Frau Gertrud, geb. Z̶̶̶̶̶ / Inge-
borg M̶̶̶̶̶.
Göttingen, am 18. August 1944.

Im Nachlass meiner Mutter fanden sich in einem Album Foto und Todesanzeige dieses armen Kerls, der wie so viele um seine Jugend und sein Leben belogen und betrogen wurde !!!

der soldat

der soldat . . .

ist treu ergeben
opfert sich
tut seinen dienst

der soldat . . .

fragt nicht
& er
denkt nicht

& deshalb muss er
sterben
. . .
der soldat

was für ein fortschritt
was für eine positive nachricht
! ! !

so mühsam und langwierig
sie am ende wirklich zu überzeugen -
und tatsächlich dann:

60 beschneiderinnen werden niemals mehr

kleine mädchen – junge frauen
mit einer rostigen rasierklinge
mit einem stumpfen messer

so grausam verletzen
so grausam verstümmeln
an leib und seele
für den rest ihres ganzen lebens

wenigstens 60 . . .
von 50.000 . . .
. . . alleine in Sierra Leone

ich frage mich so oft
. . .
was können diese unschuldigen kinder denn dafür ?
. . .
doch ich bekomme keine antwort auf meine frage,
. . .
was können diese unschuldigen kinder denn dafür ?

niemand sagt mir
niemand erklärt mir
. . .
was können diese unschuldigen kinder denn dafür ?
. . .
niemand hat eine entschuldigung,
. . .
was können diese unschuldigen kinder denn dafür ?

es ist ein mädchen ! ! !

& die männer strahlen
& die männer sind glücklich
& die männer gratulieren einander

& dann
brechen sie einfach so den stab
über dieses neue leben
:
du musst dein haupt bedecken
du musst folgsam sein
du musst leben gebären
du musst dem mann gehorchen

& ja,
sie, die männer,
reklamieren für sich ganz selbstverständlich
:
WIR BESTIMMEN ÜBER DICH

wenn   ! ! !

wenn
wenn frauen
wenn frauen sich
wenn frauen sich einfach
wenn frauen sich einfach einmal
wenn frauen sich einfach einmal wehren
wenn frauen sich einfach einmal wehren würden

! ! ! ! ! !

<u>mädchen, frauen,</u>

sind duldsam
&
haben
. . .
zu ertragen
zu erleiden
zu tragen
. . .
zu dienen
zu gehorchen

SAGT WER ???

über manche, viele und wenige

manche mädchen . . .
                    . . . werden klein gemacht
manche mädchen . . .
                    . . . werden groß gemacht

manche jungen . . .
                    . . . werden klein gemacht
manche jungen . . .
                    . . . werden groß gemacht

                    ja,
viele menschen . . .
                    . . . werden klein gemacht

                    & nur
wenige menschen . . .
                    . . . werden groß gemacht

<u>frau . . .</u>

du musst schon
flügel haben
&
du musst
deine flügel auch benutzen

um ihnen nicht
auf den leim zu gehen
denn
so dick und zäh
hält dieser leim dich sonst gefangen
&
gibt dich niemals mehr frei

schnipp – schnapp ! ! !

schnipp – schnapp ! ! !

haben sie denn keine angst ? ? ?

schnipp – schnapp ! ! !

die machos, die männer ? ? ?

schnipp – schnapp ! ! !

. . .

schnipp – schnapp ! ! !
. . .
haben sie denn keine angst vor der schere ? ? ?
wenn die frauen einmal die nase voll haben sollten ? ? ?

. . . schnipp ! ! !
. . . schnapp ! ! !

<u>nur mut, mädels !!!</u>

er wollte uns zu opfern machen . . .

aber wir waren viel zu stark,
als opfer zu werden

& deshalb

. . . wurde er sein eigenes opfer

<u>machtfrage</u>

„ich kann sie anfassen !!!“
„ich kann sie haben !!!“

oder etwa

„er kann mich mal !!!“

er meinte,
sie gehöre ihm

doch
er wusste nicht,
dass sie allenfalls
& dass auch nur,
wenn er sich ganz viel mühe gäbe
& mächtig anstrengen würde,
sie als ebenbürtig akzeptieren würde

zu

ihm gehören könne

männer
legten die welt in trümmer

frauen
erbauten aus den trümmern eine neue welt

& dann wollten die männer doch
die frauen in der neuen welt gefangen halten

dort auf den nebelwiesen
wo sich albtraum & sehnsuchtstraum
treffen

dort in dunkler nacht
wo sich albtraum & sehnsuchtstraum
treffen

. . .

hier in diesem ich
wo sich albtraum & sehnsuchtstraum
treffen

aufgewacht
bin ich
zu spät

als dass ich
die welt wirklich noch
besser machen könnte
?

aber vielleicht kann
ich EUCH noch
wecken
?

auf dass ihr meine
träume
weiter träumt

auf dass ihr meine
träume
auch für mich noch mit leben könnt